DE L'ACQUISITION

ET DE L'EXTINCTION

DES

DROITS D'USAGE

Par la Prescription,

DANS

LES FORÊTS ROYALES

ET PARTICULIÈRES.

Lex est omnium divinarum et humanarum rerum regina.   *Digeste.*

LYON.

IMPRIMERIE DE GABRIEL ROSSARY,

RUE SAINT-DOMINIQUE, N° 1.

M. DCCC XXIX.

De l'Acquisition et de l'Extinction

DES DROITS D'USAGE

PAR LA PRESCRIPTION,

DANS

LES FORÊTS ROYALES

ET PARTICULIÈRES.

DE L'ACQUISITION

ET DE L'EXTINCTION

DES

DROITS D'USAGE

Par la Prescription,

DANS

LES FORÊTS ROYALES

ET PARTICULIÈRES.

Lex est omnium divinarum et humanarum
rerum regina.   *Digeste.*

———◆———

LYON.

IMPRIMERIE DE GABRIEL ROSSARY,

RUE SAINT-DOMINIQUE, N° 1.

———

M. DCCC XXIX.

INTRODUCTION.

Les droits d'usage sont, pour la propriété publique comme pour la propriété privée, une barrière à toute amélioration et une source intarissable de procès ruineux. Débris échappés à la conflagration qui détruisit la féodalité, ils sont restés parmi nous comme le souvenir amer des temps malheureux où l'homme et la terre étaient esclaves de la puissance seigneuriale. Avantageux, peut-être, aux contemporains des siècles passés, ils sont en complète dissonance avec l'état moral de la génération présente. Créés pour prêter un appui à l'agriculture des premiers âges, ils ne devaient avoir d'autre étendue que ses besoins. Elle les repousse aujourd'hui comme nuisibles à ses importantes découvertes et comme des langes gothiques qui lient sa sœur, l'économie forestière. Les ingénieuses inventions des arts, la création des routes, l'ouverture des canaux, l'exploitation de la houille ont amené de puissans changemens dans l'emploi du combustible et dans la valeur des bois. Les droits d'usage, en restant en arrière de ces heureuses améliorations, se trouvent maintenant en complète anomalie avec les sacrifices qu'avait cru faire le seigneur, avec les bienfaits que l'usager avait cru recevoir. Usés par le temps, réprouvés par l'opinion, ils sont un véritable solécisme au milieu de notre brillante civilisation.

Le nouveau Code, en rajeunissant l'ordonnance de 1669 qui tombait de faiblesse et de vétusté, a arrêté la ruine des forêts et ranimé le courage des agronomes éclairés. Il se borne, il est vrai, à régler l'exercice de ces droits, mais en laissant aux tribunaux le soin de les juger il fournit aux propriétaires de nouveaux moyens pour s'affranchir de ces dévorantes servitudes.

Tout en profitant du bénéfice de la loi pour opérer l'affranchissement des droits d'usage par le rachat ou par le cantonnement, les propriétaires doivent s'attacher soigneusement à l'examen des titres. Parmi les questions intéressantes que cet examen fait naître, on doit surtout rechercher si ces droits ne sont pas perdus par la non jouissance légale pendant trente ans.

Avant de frapper, la loi avait averti l'usager ; elle lui avait dit : Tu ne conduiras tes bestiaux dans la forêt qu'après l'avoir fait déclarer défensable. Si la dent famélique de tes bestiaux la dévore avant d'avoir rempli cette formalité, tu commets un délit.

Elle lui avait dit : Tu ne couperas le bois dont tu auras besoin qu'après en avoir préalablement demandé la délivrance. Si l'arbre tombe sous le tranchant de ta hache, avant d'avoir obtenu cette permission du propriétaire, tu fais un acte amendable de peines correctionnelles.

Lui suffira-t-il aujourd'hui, nouveau Brennus, de jeter cette hache coupable dans les bassins de la balance pour transformer sa possession criminelle en possession légitime? Le bûcheron qui aura porté, durant des siècles, la torche et le fer dans les forêts, entrera-t-il dans le sanctuaire de la justice comme dans un lieu d'asile ? Quoi ! l'usager, qui aurait substitué ses caprices aux règles de la loi, jouirait des mêmes avantages que celui qui aurait obéi à sa volonté! Non, il n'en peut être ainsi, car il n'est permis à personne de secouer le joug salutaire des lois. Le respect qui leur est dû est le besoin ainsi que le vœu de tous : ceux qui se sont roidis contre elle ne peuvent avoir droit à son assistance.

La variété de la jurisprudence forestière provient des différentes sources où il faut puiser. Aussi vieilles que nos rois, les lois forestières ont subi les révolutions qui ont tour à tour détruit et recréé notre législation. Teintes des couleurs des divers gouvernemens auxquels elles ont survécu, elles se trouvent répandues dans les annales de l'ancienne monarchie, les dispositions coutumières, les lois de l'assemblée constituante, de l'empire et de la restauration. Guidé par les opinions de nos meilleurs auteurs, j'ai pénétré dans ce labyrinthe pour recueillir les méditations de ces hommes éclairés qui font briller d'un nouvel éclat tous les points obscurs de la loi. Je serai trop récompensé si mes recherches peuvent faciliter des accommodemens entre les propriétaires et les usagers, et éviter aux uns et aux autres les tourmens d'un procès.

CHAPITRE PREMIER.

LES droits d'usage varient suivant les diverses nécessités de la vie et suivant le produit des forêts. Aussi voyons-nous que l'usager a tantôt la faculté d'y envoyer ses bœufs et ses vaches pour les y faire paître, et tantôt celle d'y conduire ses porcs pour en faire consommer les glands et les faînes. Dans d'autres forêts, il coupe le bois qui lui est nécessaire pour la construction, l'entretien et le chauffage de sa maison. Tandis qu'ailleurs il jouit de la liberté de prendre les arbres utiles à la confection de ses instrumens d'agriculture et à la clôture de ses héritages. Quelquefois son droit se borne au simple usage du bois mort et du mort-bois.

Quelles que soient la variété et l'étendue de ces différens droits d'usage, ils sont de véritables servitudes (1). C'est là un point de droit résolu par les lois romaines. *Il faut*, disent-elles (2), *mettre au nombre des servitudes rustiques, le droit de faire boire son*

(1) Traité du Voisinage par Fournel, tom. II, pag. 430. Traité d'Usufruit, par Salviat, tom. II, pag. 174.

(2) D., livre VIII, titre 3, loi 1, § 1.

bétail à la fontaine et celui de pacage (1). *On ne regarde pas comme un droit d'usufruit celui de tirer de
la pierre et de fouiller du sable pour l'utilité du fond
dominant, ou pour l'édifice qu'on veut y élever; c'est
une servitude réelle qu'on a sur la propriété du voisin.
Il en faut dire autant du droit qu'on a de prendre
des échalas dans le bois de son voisin, pour garnir
sa vigne qui en manque.* Cette opinion a été partagée
par nos plus habiles jurisconsultes. On lit dans les
observations de M. le président Bouhier, sur la coutume de Bourgogne (2) : « L'usage dans les bois d'au-
« trui, consiste au droit d'y prendre diverses sortes
« de commodités : ... il n'y a nul doute que ce soit
« une servitude. » Et dans M. Toullier (3) : « L'usage
« dans les bois et forêts est une servitude réelle qui
« est réglée par des lois particulières. »

Il y a une distinction importante à faire entre ces
servitudes : elles sont tantôt *réelles* et tantôt *personnelles.* Si ce droit est accordé à une personne pour
un service particulier et qu'il finisse avec elle, la servitude est personnelle. Elle est encore personnelle
si elle est accordée à un particulier, à ses enfans et
descendans, ou pendant le temps qu'ils seront propriétaires de tel immeuble auquel ce droit est utile.
Car, s'ils venaient à vendre ou à mourir sans en-

(1) D., livre VIII, titre 3, loi 6, § 1.
(2) Coutume de Bourgogne, chapitre LXII, nᵒˢ 26, 27, 28 et
29.
(3) Tome III, pages 335 et 336.

fans, la servitude se trouverait éteinte à leur égard, et l'acquéreur ou l'héritier n'aurait rien à réclamer parce que la servitude serait personnelle.

Si, au contraire, l'usage est accordé à des particuliers par rapport à leur domicile, *personis pro rebus*, à leurs terres, et pour les mettre en état d'y subsister plus commodément eux et les leurs, et d'y bâtir ou réparer leurs maisons, en ce cas, la servitude est réelle et suit le possesseur de l'héritage : elle dure par suite autant que le fond. La loi romaine fait aussi cette distinction : *Il y a*, dit-elle (1), *plusieurs servitudes qui sont plus réelles que personnelles, comme les servitudes de pacage et de faire boire son bétail à la fontaine d'autrui. Cependant, si un particulier, en établissant par son testament une pareille servitude sur son héritage, avait désigné la personne à qui il voulait que cette servitude fût due, alors elle deviendrait plus personnelle que réelle, et l'héritier du légataire, ni celui qui aurait acquis de lui le domaine, ne pourrait exiger la servitude.*

L'ordonnance de 1669 (2) n'a considéré les droits d'usage que comme des servitudes réelles, car elle n'admet l'exercice des droits de pacage qu'en faveur des maisons usagères dénommées dans les états arrêtés au conseil.

Lorsque le droit d'usage est accordé à une géné-

----

(1) D., livre viii, titre 3, loi 4. Inst., livre ii, titre 3, § 2.
(2) Titre xix, art. 5.

ralité d'habitans, ce n'est pas à la personne de l'habitant que la forêt est asservie, mais à son habitation, mais à la terre qu'il exploite. Ces droits sont donc autant de servitudes réelles (1).

Il résulte de là que le droit d'usage concédé à cause d'une maison est une servitude réelle. Cette servitude réelle ne peut être vendue sans la maison, et passe de plein droit à l'acquéreur. Ce droit ne peut être exercé que par celui qui réside dans le lieu pour lequel la concession a été faite.

La concession d'un droit d'usage faite à une personne, relativement à un immeuble, peut être définie une servitude réelle temporaire. Elle est mixte, c'est-à-dire qu'elle est à la fois réelle et personnelle. Si la concession est faite à une personne pour sa commodité, c'est plutôt une simple tolérance qu'une servitude.

Les droits d'usage, servitudes réelles, sont incorporels (2). Ils ne peuvent subsister sans un immeuble et ne sont qu'un accessoire du fond pour lequel ils ont été constitués. Nous verrons, en traitant de la preuve par témoins des droits d'usage, que cette distinction n'est pas sans importance.

Ces servitudes réelles se divisaient autrefois en plusieurs classes. On les appelait urbaines, rustiques, prédiales, etc. Ces qualifications d'une grande

____

(1) Traité des Biens communaux, par M. Henrion de Pensey.
(2) D., livre viii, titre 4, loi 1, § 1.

importance chez les Romains sont presque sans objet chez nous. Mais une distinction plus essentielle
est celle des servitudes continues ou discontinues,
apparentes ou non apparentes.

Les servitudes continues sont celles dont l'usage
est ou peut être continuel sans avoir besoin du fait
actuel de l'homme, art. 688.

Les servitudes discontinues sont celles qui ont
besoin du fait actuel de l'homme pour être exercées : tels sont les droits de passage, puisage, pacage et autres semblables.

Les servitudes sont apparentes ou non apparentes.
Les servitudes apparentes sont celles qui s'annon-
cent par des ouvrages extérieurs, tels qu'une porte,
une fenêtre, un acqueduc, art. 689.

Les servitudes non apparentes sont celles qui n'ont
pas de signe extérieur de leur existence, etc.

D'après les définitions que nous venons de donner, les droits d'usage appartiennent à la classe des
servitudes discontinues et non apparentes. Cela n'est
susceptible d'aucune contradiction. L'art. 688 ne
parle, il est vrai, que du droit de pacage, mais celui de ramasser du bois et d'en couper étant de même
nature, est aussi une servitude discontinue. « Les
droits d'usage, dit M. Favard (1), soit qu'ils consistent dans la faculté de prendre dans une forêt
le bois nécessaire aux besoins des usagers, soit qu'ils

____

(1) Répertoire de jurispr., tome v , mot *usage*.

aient pour objet le pâturage des bestiaux, se rangent naturellement dans la classe des servitudes discontinues. » On verra que le caractère de continuité ou de discontinuité qu'ont les servitudes, influe essentiellement sur le mode de leur acquisition par la prescription, et qu'il a encore une influence assez marquée sur leur extinction par le non usage. Cette définition peut être considérée comme la base de toute législation sur l'acquisition et l'extinction des droits d'usage.

Il faut donc bien avoir l'attention de ne pas confondre les droits d'usage, quelque étendus qu'ils soient, avec la propriété qui doit toujours être distraite. Cette distinction est établie dans toutes les ordonnances rendues sur les eaux et forêts. Elle se trouve également dans toutes les coutumes et dans tous les auteurs qui ont écrit sur cette matière.

La coutume du Nivernais, art. 21, du titre *des bois*, porte : « Le seigneur propriétaire peut vendre « son bois dont un autre a l'usage, mais à la charge « dudit usage. » Tant qu'on porte la qualité d'usager, dit Coquille, on ne peut avoir droit de propriété. Comment le droit d'usage *pourrait-il* être un droit de propriété puisque le seigneur a toujours pu vendre sa propriété à la charge dudit usage ? Peut-on concevoir rien de plus décisif ? L'usager paie-t-il des impôts ? L'art. 688 n'est donc que l'écho de l'ancienne législation.

A ces autorités se joint celle d'un arrêt rendu par

la cour de cassation, sur le rapport de M. Rousseau, le 6 mars 1817; en voici l'espèce :

En l'an 13 (1805) (1) les héritiers du sieur Labaucage avaient vendu aux sieurs Brovard frères, la terre d'Allègre, de laquelle dépendaient plusieurs parties de bois. Le contrat de vente chargeait les acquéreurs de toutes les servitudes actives ou passives, apparentes ou occultes, s'il en existait aucune.

Plusieurs années après cette vente, le garde-forestier dresse un procès-verbal contre plusieurs habitans des communes riveraines qui s'étaient permis d'envoyer leurs bestiaux en pâturage dans ces mêmes bois. Mais ces communes ayant justifié de leurs droits par des titres anciens et irrévocables, les acquéreurs firent assigner leurs vendeurs en garantie, et prétendirent que les droits d'usage dans une forêt constituaient non une servitude réelle, mais une véritable copropriété; que, par conséquent, la clause qui leur imposait l'obligation de souffrir toutes les servitudes apparentes et non apparentes ne pouvait pas leur être opposée.

Ces moyens n'ayant pas prévalu en première instance, les acquéreurs portèrent l'affaire à la cour royale de Riom, qui, par arrêt du 14 juin 1815, rejeta leur demande en garantie, sur les motifs que l'art. 688 du Code civil place les droits de pacage dans la classe des servitudes réelles.

____

(1) Répertoire de jurisprudence par Merlin, mot *usage.*

Pourvoi en cassation pour fausse application de cet art. 688, et violation de l'art. 636 du même Code.

Ce pourvoi a été rejeté par arrêt du 6 mars 1817, au rapport de M. Rousseau.

« Attendu que, d'après les pièces et de l'aveu des parties, il s'agissait d'un droit de pacage attaché aux habitations, moyennant une redevance de sept sols six deniers par année ;

« Que la Cour royale, qui a eu sous les yeux les titres et pièces, a dû dès-lors ranger un pareil droit dans la classe des servitudes réelles, définies par l'art. 697 du Code civil ;

« Attendu que par les contrats de vente les acquéreurs ont été chargés généralement de toutes servitudes apparentes ou occultes ;

« Attendu que les termes de la loi qui divise les servitudes en apparentes et non apparentes, continues et discontinues, sont des expressions génériques, qu'elles n'ont pu former obstacle à ce que la Cour royale ait pu considérer comme étant au nombre des servitudes non apparentes discontinues, l'obligation de souffrir les servitudes occultes, puisque toute servitude non apparente est nécessairement occulte ;

« Que ceci une fois reconnu en droit, la Cour royale, en appréciant les termes de l'obligation imposée aux acquéreurs, la bonne foi des vendeurs et l'intention respective des parties lors de la stipulation, a pu légitimement induire de ces différentes circonstances que les vendeurs étaient fondés à se prévaloir de la déclaration générale portée au contrat de vente pour repousser l'action recursoire des acquéreurs : »

Par ces motifs la Cour rejette.....

Quelques siècles avant cet arrêt qui fixe d'une manière positive la jurisprudence sur cette matière, les jurisconsultes de Rome avaient traité la même question et l'avaient résolue de la même manière. Voyez au ff. livre VIII, titre 5, loi 20, § 1.

Nous dirons, en terminant ce chapitre, qu'avant la loi du 28 août 1792, l'action en cantonnement ne compétait qu'au propriétaire. Ce décret avait accordé le même droit à l'usager; mais le nouveau Code, après de vives discussions, a adopté l'ancienne législation. En effet, le droit d'usage ne peut être un droit de propriété, puisqu'on ne peut l'avoir que sur les fonds d'autrui. Ce droit n'étant qu'une servitude, celui qui en subit la charge doit être seul admis à s'en plaindre et à en rendre l'exercice moins onéreux à son héritage. La chambre n'a vu, dans l'innovation de la loi de 1792, qu'une disposition que les circonstances d'alors pouvaient avoir dictée, mais que l'état actuel des choses ne pouvait plus admettre. Ce retour vers les vrais principes détruit l'objection présentée par M. Prudhon, dans son savant traité de l'usufruit, qui soutenait que l'usager était copropriétaire parce qu'il participait, quand il voulait, à la propriété par le cantonnement. Aussi, je ne m'étendrai pas davantage sur cette question. Je dirai que ce concert de lois romaines et de tous les auteurs qui, ainsi que notre Code, placent les droits d'usage au nombre des servitudes discontinues, est au dessus de toute critique.

CHAPITRE II.

DE LA POSSESSION DES DROITS D'USAGE.

La jouissance des choses dont il n'est pas défendu de s'emparer produit la possession : c'est-à-dire, un moyen d'acquérir ou de se libérer par un certain laps de temps (1). La possession est donc le principe de la prescription ; mais, pour obtenir son appui comme pour s'en défendre, il faut l'exercer conformément aux lois.

L'art. 2229, exige une possession continue et non interrompue, paisible, publique, non équivoque et à titre de propriétaire. Les actes de pure faculté et ceux de simple tolérance ne peuvent fonder ni possession ni prescription, art. 2232. Ceux de violence ne peuvent fonder non plus une possession capable d'opérer la prescription.

La possession doit être publique pour qu'elle puisse être connue de ceux qui ont intérêt à la contester et qu'on soit fondé à leur imputer de ne l'avoir pas contredite. Elle ne doit pas être obtenue par la

(1) Art. 2219 du Code civil.

force, la violence ou la clandestinité, parce qu'elle se confondrait avec le vol et l'usurpation. Combien de bons offices de voisinage seraient refusés! combien d'actes coupables seraient commis, si une simple tolérance ou un acte de violence pouvaient, par le laps de temps, devenir un titre de servitude!

Il y a deux espèces de possession, la possession civile, et la possession naturelle.

La possession est civile lorsqu'elle est fondée sur un titre.

La possession naturelle ou précaire est sans titre : *possideo quia possideo.*

Il y a aussi deux sortes de possesseurs : ceux qui possèdent de bonne foi, et ceux qui possèdent de mauvaise foi.

Le possesseur de bonne foi est celui qui est le maî_tre de ce qu'il possède, ou qui a une juste raison de croire qu'il possède légitimement.

Le possesseur de mauvaise foi est celui qui possède comme maître, ce qu'il sait ne pas lui appartenir.

Après avoir esquissé les principes généraux de la possession, examinons les formalités que les usagers ont à remplir pour en suivre les règles.

Les droits d'usage ne sont en général que de simples concessions faites pour un temps déterminé; à la charge de reconnaître le propriétaire et de remplir envers lui des devoirs prescrits soit par l'acte, soit par la loi : *Do ut des; do ut facias.* Cette donation n'est donc qu'une concession faite à la charge de

remplir certaines obligations ou de payer une redevance chaque année. Pour mieux dire, ce sont des
contrats qui dépendent, quant à l'exécution, d'autres
contrats. L'usager doit donc reconnaître l'auteur de la
concession aussi long-temps qu'elle subsiste; dès le
moment où il le méconnaît, le lien qui les unissait
est rompu : il perd ce qu'il a reçu et le propriétaire
rentre dans tous ses droits.

Les droits d'usage étant des servitudes discontinues, ne peuvent s'acquérir, aux termes de l'article
691, que par titres. Sans cependant, ajoute cet article, qu'on puisse attaquer les servitudes de cette nature déjà acquises, par la possession, dans les pays où
elles pouvaient s'obtenir de cette manière. Ainsi l'u-
sager qui est en possession depuis trente ans d'un
droit d'usage, peut traduire le propriétaire du fond
asservi, devant un tribunal civil, pour se faire maintenir dans la propriété de sa servitude; mais il faut
qu'il soit pour cela sous l'empire d'une coutume qui
admette la possession sans titre; et il est vrai de dire
que la plupart avaient adopté cette maxime de la coutume de Paris, *nulle servitude sans titre.* Principale-
ment pour les bois qui étaient presque toujours exceptés et régis d'ailleurs par des lois particulières.
C'est ce qui a fait dire à Chailland dans son dictionnaire des forêts : « ne vaut la possession sans titre
« parce que telle possession doit être regardée comme
« une usurpation. » Les coutumes même qui admettaient la possession sans titre, ne lui donnaient d'effet
que du jour de la contradiction, *a die contradictio-*

nis (1), c'est-à-dire, du jour ou un jugement, ou un acte de possession légitime donnait un titre à l'usager. Il est donc très-difficile aujourd'hui de faire reconnaître un droit d'usage dans les pays où ils pouvaient s'acquérir par la possession immémoriale, s'il n'est pas fondé sur quelque contrat.

Si d'après la plupart des coutumes et d'après l'art. 691 du Code civil, la possession des droits d'usage sans titre est insuffisante, le titre sans la possession légale est également insuffisant; parce que l'usager qui, quoique fondé en titre, a cessé de jouir pendant le temps réglé par le Code civil, perd absolument son droit. Il ne suffit donc pas à l'usager d'avoir un titre, il faut encore qu'il jouisse conformément aux lois. Les ordonnances de 1376, art. 30; de 1402, art. 29; de 1515, art. 46, et de 1588, veulent que les officiers des eaux et forêts s'assurent des titres et de la possession des usagers, pour réprimer les abus et ramener les exercices à la teneur des titres. Les peines, contre les usagers qui ont abusé, sont l'amende à proportion du délit et la privation du droit s'il y a récidive. Voyez l'ordonnance de janvier 1583, art. 10, et plusieurs arrêts cités par Saint-Yon, pag. 369. Lorsque les communes mésusent, on est fondé à leur interdire provisoirement leur usage pendant la durée du procès; Papon en ses arrêts, livre xiv, n° 8, rapporte un premier arrêt du 12 janvier 1528, et un second du

______

(1) Lalaure commenté par Paillet, page 91.

premier août 1533, qui ont prononcé de semblables punitions. Il est donc bien constant que les usagers ont été punis chaque fois qu'ils se sont écartés de leurs titres et de la soumission qu'ils devaient aux ordonnances.

La possession de l'usager contraire à son titre ne lui fait pas acquérir la prescription : *melius non est habere titulum, quam habere vitiosum*. Toutes les fois que la possession est contraire au titre, elle doit être jugée vicieuse et de mauvaise foi. *Cum nemo sibi causam possessionis mutare possit.* Le titre réglant le mode et la qualité de l'usage prévaudra toujours malgré toute prescription contraire. Papon, en ses arrêts, livre 14, art. 10, rapporte un arrêt du 21 mars 1560 qui n'eut aucun égard à une possession de tout temps de prendre du bois à discrétion (1). Écoutons sur cette question le judicieux Coquille : il commence par établir que celui qui veut bâtir, doit déclarer au seigneur propriétaire du bois, quel bâtiment il veut faire, afin que le seigneur puisse connaître si ce bâtiment est nécessaire et selon la qualité de l'usager. Autrement, dit-il, le seigneur peut lui refuser, et à ce fait, il cite l'ordonnance de 1516 art. 46. Il ajoute : le réglement de prendre marque ne peut être prescrit, et quelquefois, tenant les assises du balliage, j'ai déclaré non recevables les possessions des usagers par lesquelles ils déclaraient avoir joui

(1) Traité d'usufruit, par Salviat, tom. ii, page 170.

par temps immémorial de prendre bois à bâtir sans marque ; car telle possession emporterait droit de propriété en bois haute futaie, et la qualité d'usagers qu'ils avaient et confessaient, résistait à cette possession et prescription. Ils n'avaient pas joui : *pro suo et opinione domini.*

Imbert, dans son Enchiridion, rapporte plusieurs arrêts par lesquels la possession dans laquelle étaient les usagers de couper du bois à discrétion fut rejetée, comme non prescriptible à cause de la qualité d'usagers, laquelle règle toute la suite de la jouissance.

Les droits d'usage doivent toujours être conformes au titre : *cum apparet titulus, ab eo possessiones legem accipiunt* (1).

En vain les habitans établiront-ils que depuis des siècles ils jouissent et disposent en vrais propriétaires ; cela sous les yeux du seigneur, et sans réclamation de sa part ; si les titres de la seigneurie prouvent que la communauté n'a qu'un simple droit d'usage sur les bois, pâturages, à l'instant où ces titres paraissent on s'y réfère. On regarde les actes possessoires des habitans comme l'effet de l'usurpation, et les reconnaissances du seigneur comme les résultats de l'erreur, de la surprise ; et des siècles de jouissances sont comptés pour rien. Cette possession, dit Mornac, eût-elle duré trois siècles,

_____

(1) Code Justinien, livre iii, titre 34, loi 5. D., livre xliii, titre 20, loi 1, § 18.

n'est d'aucune considération parce qu'elle est contraire au titre.

Ainsi la possession de l'usager, quel qu'en soit le caractère, ne prouve autre chose qu'une jouissance précaire. On ne la regarde que comme une extension abusive de son droit d'usage, à moins qu'il ne prouve l'interversion des anciens titres et la cause du changement de sa possession (1).

Ce principe est consacré par un grand nombre d'arrêts : Dunod (2) rapporte trois arrêts des années 1698, 1700, et 1717. Le premier sur la représentation du titre primitif, déboute les jésuites de leurs prétentions à la propriété d'un bois sur lequel ils exerçaient depuis cent ans des actes de propriété. Il est donc bien clair que les usagers ne peuvent pas prescrire la faculté de couper sans se conformer à leurs titres et aux ordonnances sur la matière. Ils ne peuvent pas non plus prescrire un droit plus fort que celui qui leur est accordé par le titre primordial qui peut toujours être demandé par le propriétaire ; et cela nonobstant tous titres contraires. Je dis des titres contraires, car si cette possession n'avait pas été accompagnée de reconnaissances, elle ne pourrait être d'aucun effet.

Le mode de la possession doit être conforme aux lois et au titre parce que la concession n'a été faite qu'à cette condition. Ainsi, il ne suffit pas à l'usager

(1) Code civil, art. 1337.
(2) Traité des prescriptions, page 50.

d'avoir un titre qui lui accorde un droit de pâturage ; il ne peut, conformément à l'ordonnance de 1669, introduire ses bestiaux dans la forêt avant de l'avoir fait déclarer défensable.

S'il a le droit de prendre le bois nécessaire à ses constructions, il ne peut en user qu'après avoir fait constater ses besoins par un architecte et avoir obtenu une délivrance du propriétaire. Ce point de jurisprudence, fixé par une foule d'arrêts de la Cour de cassation, a été récemment confirmé par les articles 67 et 79 du Code forestier.

Bien plus, les usagers à qui on refuse de faire des délivrances ne peuvent se servir eux-mêmes ; ils doivent s'adresser aux tribunaux (1). Ils ne sont dispensés de demander une délivrance qu'autant que leur titre en contiendrait l'autorisation expresse. Car, la règle étant certaine, il faut, pour avoir effet, que l'exception soit également certaine. L'ordonnance de 1669, en astreignant, par mesure d'ordre public, les usagers, dans les bois des particuliers comme dans les bois de l'État, à l'obligation d'une demande préalable en délivrance, a même dû déroger aux droits que ces usagers avaient antérieurement de couper sans délivrance (2).

Du principe que les droits d'usage sont des servitudes discontinues, il résulte évidemment que l'u-

(1) Voyez Baudrillard, arrêt de la Cour de cassation du 9 mai 1822.

(2) Arrêt de la Cour de cassation; Sircy, tome 28, page 421.

sager est contraint, s'il veut conserver son droit, de jouir conformément à son titre. Car, s'il dénature sa jouissance, il dénature la servitude elle-même. Sa possession n'a aucune valeur parce que le titre ne lui sert plus de base ; de sorte qu'en négligeant la servitude concédée, pour user de celle qui n'a pas été accordée, il perd l'une sans acquérir l'autre.

Il est donc vrai de dire que l'usager n'est en possession légale de son droit, que lorsqu'il a d'abord un titre de concession et ensuite une délivrance du propriétaire. Le titre sans délivrance n'autorise pas à couper, et, s'il coupe, il ne possède pas, il vole. S'il suffisait de couper çà et là sans délivrance, les jugemens correctionnels serviraient à prouver la jouissance de l'usager et seraient son meilleur titre, car ils contiendraient certainement la preuve qu'il a coupé. Mais que peut valoir devant les tribunaux une possession qui ne repose que sur des faits de contravention ? Quoi ! la loi défend expressément de faire une chose ; sera-t-il donc permis de se glorifier du mépris qu'on a fait de la loi et d'invoquer ce même mépris comme un moyen qui fait profiter le coupable de sa faute ? Non, très-assurément non, un délit ne peut être un acte de possession légitime. Par le non-usage on entend la cessation d'une jouissance caractéristique du droit. Sans cela à quels signes reconnaîtrait-on que la jouissance a eu lieu, puisqu'elle serait confondue avec toute sorte de faits de possession , avec des délits , avec des actes de violence? Cette possession serait contre la prohibition de la loi. Comment pourrait-elle équivaloir à un titre régulier ? Il est de principe qu'on ne peut acquérir un titre au moyen de contraventions et encore moins de délits. En attribuant un effet quelconque à cette possession ce serait encourager celui qui veut la produire ; ce serait déclarer en principe qu'on doit accorder une prime au délit. En résumé , la possession de l'usage , pour être valable, doit être conforme à la loi. Or , cette possession est-elle paisible , non équivoque et à titre de propriétaire ? L'usager a-t-il l'intention de posséder , *animo domini* ; et surtout de posséder de bonne foi ? Deux conditions qui présentent de l'anomalie avec le fait qui constitue un délit , parce que celui qui commet un délit ne peut ignorer qu'il prend le bien d'autrui et qu'il se rend coupable. Encore une fois l'usager qui a fait conduire ses bestiaux dans une forêt avant de l'avoir fait déclarer défensable , et qui a coupé du bois sans délivrance , a commis un délit qui ne peut lui profiter comme un acte de possession légitime.

En vain l'usager dira-t-il qu'il a toujours joui , que le défaut de délivrance préalable ne peut effacer la longue trace de sa jouissance. Ces raisons seront sans effet ; en coupant du bois sans permission, il a fait ce que font journellement tous les gens qui dévastent les bois et sont traduits en po-

lice correctionnelle. M. le président Cappeau, dans ses lois forestières (1), dit, en parlant d'une commune qui aurait usé de son droit sans faire déclarer la forêt défensable. « Inutilement -alléguerait-elle
« que les troupeaux de ses habitans ont été dans
« les bois ; sans ces préalables on ne pourrait pas
« l'en croire. Si elle disait vrai, elle s'avouerait
« coupable de délits que la loi punit sévèrement,
« et dont la répétition entraîne la perte du droit de
« dépaissance.

« Or des faits qui font perdre le droit ne peu-
« vent pas le conserver ; ils sont eux-mêmes la
« preuve qu'il n'y a pas eu de jouissance légitime,
« mais des usurpations, des voies de fait, des actes
« de violence et de fraude, et toujours clandestins
« et précaires. »

Toutes les formalités que les usagers ont à remplir ne consistent pas dans la possession. En général, ces droits ne sont concédés qu'à la condition de faire certaine chose ou de payer une redevance annuelle déterminée par l'acte. Faute par l'usager de payer la redevance la faculté s'éteint. Tel est le vœu de la loi qui s'accorde parfaitement dans ce cas avec les principes d'équité. L'usager doit donc prouver qu'il a payé la redevance, c'est-à-dire, le prix qui avait été la cause de la concession. Il dira peut-être que toutes ces redevances ont été

____

(1) Lois forestières, tome I, page 94.

abrogées par les lois de la révolution (1). S'il en est ainsi, la servitude a dû également être abolie ; car il n'aurait pas été juste de priver le seigneur de son revenu, sans l'affranchir des charges qui en seraient la cause. C'est ce qui faisait dire à l'orateur du gouvernement, en présentant la loi du 19 mars 1803 (2) : « Tous les usagers qui étaient assujettis « à quelques redevances féodales, en étant aujour-« d'hui dégagés par la suppression des droits féo-« daux n'ont pour réclamer l'exercice de cette ser-« vitude que des droits anéantis. »

L'usager trouvera-t-il plus de protection dans les lois pour s'affranchir de ses engagemens que le propriétaire pour se libérer de la servitude par la non jouissance légale? Assurément non ; car, dans le doute, la loi se prononce en faveur de la liberté de l'héritage asservi.

L'usager doit encore montrer les quittances de ces annuités antérieurement à la révolution. Qu'il en ait perdu quelques-unes, c'est chose possible, mais il doit lui en rester assez entre les mains pour faire présumer l'exercice du droit et par cela même la possession. A moins qu'il ne prouve que la perte de ces écrits a eu lieu par un cas de force majeure ; condition *sine quâ non*, c'est-à-dire, sans laquelle on invoquerait en vain la possession.

(1) Voyez la justification des droits des propriétaires des rentes, par Mariette.

(2) M. Baudrillard, Traité des eaux et forêts, tome II, pag. 948.

L'usager en ne présentant pas de quittance, laisse penser que ni lui ni ceux qui l'ont devancé n'ont payé. Et puisque cette redevance n'a pas été acquittée il faut en conclure que la concession ne fut qu'un projet qui ne se réalisa jamais, et par suite qu'il n'y a eu ni mise en possession ni possession exercée.

L'usager est encore tenu de faire connaître son droit à tous les nouveaux propriétaires et de demander un titre recognitif de la servitude tous les trente ans. Ces reconnaissances sont non-seulement nécessaires à la possession, mais elles sont indispensables à la conservation du titre.

Dans l'ancienne jurisprudence le seigneur conservait, nonobstant toutes concessions, la faculté de dégager sa propriété de la servitude en renonçant aux redevances. Il pouvait toujours user et abuser de sa propriété ; c'est-à-dire, d'un bois en faire des prés ou des terres. Cette opinion est attestée par nombre d'auteurs (1).

Voyons maintenant si l'usager peut se placer dans l'hypothèse d'une possession dépourvue de titres , d'une simple possession connue en droit par ces mots : *possideo quia possideo.*

Pour faire usage de ce genre de possession toute matérielle, il faudrait que l'usager eût joui autrement qu'à la dérobée et d'une manière furtive. Il

_____

(1) Traité d'usufruit, par Salviat, tome ii, page 174.

faudrait qu'il eût joui avec l'intention de posséder, parce qu'il se croyait en droit de le faire.

On ne peut croire que l'usager ait possédé de cette manière, par la raison sensible, qu'il lui était impossible de se dissimuler le vice de sa possession, car l'intention de posséder, dont a parlé le législateur, est toujours subordonnée par son essence à la bonne foi, c'est-à-dire, à la croyance qu'on possède une chose qui nous appartient. Le fait matériel de la jouissance n'est rien, absolument rien, sans l'intention, telle que nous devons l'envisager. Sous ce rapport, la jouissance de l'usager est assurément vicieuse.

Cette possession est-elle conforme à l'art. 2229 ? Assurément non, car elle n'est pas paisible, ni publique, ni à titre de propriétaire. C'est une possession précaire, parce que les raisons qui avaient déterminé la concession ayant cessé, la gratification devait aussi prendre fin. La disparition de la cause doit toujours faire cesser les effets. Dès la publication des ordonnances qui ont réglé les formalités que l'usager devait remplir, la possession naturelle fondée sur un titre ne doit être considérée que comme entachée de mauvaise foi. Pour s'en convaincre, il suffit d'invoquer la maxime si connue, que personne n'est censé ignorer la loi. Qu'est-ce qui peut plus particulièrement constituer la mauvaise foi que de contrevenir sciemment à une disposition de la loi ; que de faire ce qu'on sait qu'elle défend ?

La disposition de l'art. 2229 que nous lisons dans le Code universel qui nous régit, n'est point introductive parmi nous d'un point de droit nouveau ; elle était l'effet d'un usage constamment suivi dans les pays coutumiers. Elle était le résultat du droit écrit dans les autres pays où ce droit se trouvait en vigueur.

Il est donc bien clair que l'usager qui ne peut pas justifier d'une permission écrite, accordée pour l'exercice du droit d'usage, n'est pas en possession. N'ayant qu'un titre non appuyé de possession actuelle, il doit, s'il veut conserver son droit, prouver que son titre n'est point éteint par le non usage. La présomption de non usage résulte contre lui du défaut de possession actuelle, et c'est à lui à fournir une preuve pour détruire cette présomption. Il suffit au propriétaire grevé de l'usage d'en nier l'exercice pendant trente ans. Celui-ci, ne peut être astreint à faire directement une preuve négative. Cette preuve ne pourrait être d'ailleurs que fort peu instructive, car, de ce que les témoins n'auraient pas vu exercer le droit d'usage, il n'en résulterait pas nécessairement la preuve qu'il n'a pas été exercé.

L'usager, au contraire, peut facilement prouver le fait positif de la possession, si cette possession a réellement existé.

Aussi sur une difficulté de ce genre qui fut soumise au parlement de Paris, cette Cour, par arrêt du 7 février (1), chargea-t-elle les usagers de prouver qu'ils

(1) Merlin, Répertoire de jurisprudence, mot *usage*.

avaient usé, dans les trente ans avant le procès dans la forêt de Vadams, du droit de couper du bois qui leur appartenait par d'anciens titres, mais que l'on disait qu'ils avaient perdu : *per non usum.*

Voyez M. Merlin, dans ses questions de droit au mot *usage*, sect. 4, tome 6, page 840. Il décide que c'est à l'usager à prouver qu'il a exercé son droit d'usage. Nous le verrons encore plus clairement au chapitre suivant qui traite du possessoire des droits d'usage. Ce point de doctrine ne nous paraît donc pas susceptible d'une controverse sérieuse. Il se présente une question plus importante : La possession doit-elle être prouvée par titres ou par témoins ? Cette question sera traitée au chapitre de la preuve par témoins.

CHAPITRE III.

(1) L'action possessoire spécialement connue dans le langage de la jurisprudence française sous la dénomination de complainte, est l'action qui appartient à celui qui a la possession civile d'un héritage ou d'un droit réel pour s'y faire réintégrer ou maintenir contre celui qui vient le troubler dans sa jouissance.

Quatre conditions sont cumulativement nécessaires pour pouvoir proposer cette action.

Il faut 1° être en possession paisible depuis un an, parce que la saisine n'est opérée que par la possession annale.

Il faut 2° que l'action soit ouverte dans l'année du trouble, parce qu'il est nécessaire que la saisine n'ait pas encore passé sur la tête d'un autre.

Il faut 3° que la possession ne soit point exercée à titre précaire, parce qu'alors elle ne peut appartenir qu'à celui au nom duquel elle a été exercée (2).

(1) Traité d'usufruit, par M. Prudhon.
(2) Art. 23 du Code de procédure.

Il faut 4° que l'héritage ou le droit au sujet duquel on veut exercer la complainte soit susceptible d'être acquis par la prescription.

Il faut enfin que la possession soit légitime (1), et ce n'est pas dans le fait matériel de la jouissance même paisible et exempte de toute violence, mais bien dans la cause morale ou civile de la détention de la chose, qu'on doit rechercher la légitimité qui produit de tels effets au profit des possesseurs. Par conséquent elle ne peut fonder une action possessoire si elle a été troublée, contestée, interrompue; si elle résulte d'un titre précaire. On doit maintenir qu'on possède la chose à titre de maître, *non tanquam alienum, sed animo domini.* Il faut que la chose possédée soit susceptible d'être acquise par la prescription, c'est-à-dire, par la continuation de la possession durant le temps fixé par la loi (2).

Les servitudes discontinues ne pouvant s'établir que par titres, leur possession est toujours réputée précaire. Par conséquent elles ne sont pas susceptibles de l'action possessoire fondée elle-même sur ce que la possession est un moyen d'acquérir. La complainte ne peut donc être admise pour les droits d'usage qui sont des servitudes discontinues. Ce principe a été confirmé par plusieurs arrêts de la Cour de cassation. Entr'autres par ceux du 21 octobre 1807, 28

(1) Pothier, Traité de la possession.
(2) M. Carré, traité de la procédure, page 43.

novembre 1808 (1), 10 février 1812, 28 février 1814.

Le Code civil, dit M. Henrion de Pensey (2), déclare les servitudes discontinues imprescriptibles, et cette règle est sans exception. Ainsi toute possession commencée depuis la publication du Code, quels qu'en soient le caractère et la durée, est absolument sans efficacité, relativement au droit d'usage, incapable d'en attribuer la propriété et même la saisine, elle est insuffisante pour fonder la complainte.

La Cour de cassation a adopté cette manière de voir par un arrêt du 2 juillet 1823, dont voici le dispositif :

La Cour, vu l'art. 23 du Code de procédure, les art. 691 et 2229 du Code civil, et l'art. 7 de la loi du 30 ventôse an 12.

Attendu que la possession ne donne lieu à l'action possessoire, qu'autant qu'elle est capable de faire acquérir la propriété par prescription; que les servitudes discontinues ne peuvent s'acquérir par la prescription, ni par conséquent donner lieu à la complainte; qu'on ne peut juger le contraire sous le prétexte qu'elles se trouveraient acquises avant le Code, par la prescription, d'après l'usage local, et qu'on ne peut attaquer celles déjà acquises avant cette loi par la possession dans les pays où elles pouvaient s'acquérir de cette manière, parce que cette possession étant incertaine, la contestation ne peut donner

(1) Dictionnaire de Dalloz, action possessoire, page 230.
(2) Traité des biens communaux.

lieu qu'à l'action pétitoire, et que le juge de paix n'étant compétent que pour juger le possessoire, ne peut les vérifier et constater pour en faire l'application au possessoire, sans excéder sa compétence, en préjugeant le pétitoire ; que dans le fait, le jugement attaqué déclare qu'il s'agit dans l'espèce d'une servitude discontinue, et que néanmoins il décide que la possession de cette servitude donne lieu à la complainte, sous prétexte que la servitude se trouvait acquise avant le Code, d'après l'ancien usage du Dauphiné, qui d'ailleurs se trouve aboli par la loi du 30 ventose an 12, sauf à l'égard des prescriptions acquises réservées par le Code : qu'en cela le jugement renferme un excès de pouvoir et viole formellement les lois ci-dessus citées ; casse et annulle le jugement du tribunal civil de Montbrison.

Si la voie de la complainte est fermée, celle du pétitoire est ouverte. L'usager qui sera troublé par le propriétaire de la forêt, pourra le traduire devant un tribunal civil, à l'effet d'être maintenu dans la propriété de la servitude. Mais, à l'appui de cette demande, il devra prouver qu'il a joui conformément aux règles établies au chapitre de la possession.

L'art. 691 n'a rien introduit de nouveau. Il est certain que dans l'ancienne jurisprudence les servitudes, pour l'établissement desquelles un titre était nécessaire, n'ont jamais pu être réclamées par l'action possessoire (1). Que l'on considère en effet où conduirait

(1) Traité des actions, par Duplessis. Jurisprudence civile, par

l'admission de la complainte en pareille matière ? Il en résulterait qu'une fois l'usager maintenu sur le fondement que, depuis un an et un jour, il jouit d'une servitude imprescriptible, il n'aurait plus besoin de produire le titre qui pourrait seul légitimer l'exercice de ce droit ; que ce serait à son adversaire à prouver que ce titre n'existe pas, tant que cette preuve ne serait pas rapportée, la possession de la servitude continuerait paisiblement, en dépit de la loi, qui veut que la possession même immémoriale ne puisse pas remplacer le titre ; en dépit des ordonnances et du Code forestier qui exigent que l'usager ait chaque année des délivrances écrites.

Il n'en serait pas de même si l'usager avait la possession annale ; c'est-à-dire, s'il avait fait déclarer la forêt défensable ; s'il avait obtenu la délivrance du propriétaire. Le juge de paix pourrait alors prendre connaissance des titres pour déterminer les caractères de la possession (1). Cette opinion est contraire à celle de M. Henrion de Pensey qui décide en principe que les droits d'usage ne sont pas susceptibles du possessoire, parce qu'ils sont des servitudes discontinues, mais elle est conforme à celle de M. Prudhon.

Rousseau-Lacombe, mot *complainte*, n° 9. Bourjon, livre 6 , titre 4, chapitre 1 , n° 7. Dictionnaire de Dalloz, tome I, page 253.

(1) Dunod, traité des prescriptions, page 289. Rousseau-Lacombe, 95. Traité de l'usufruit, par Prudhon, tom. VIII, p. 282. Carré, traité de juridiction civile, mot *usage*, à la table.

Hormi ce cas la jouissance de fait ou la détention ne peut produire les effets d'une véritable possession. C'est le précaire qui a lieu et celui qui jouit ne détient la chose que pour un autre. Il ne jouit que par tolérance, puisque cette possession peut lui être otée à la volonté du propriétaire. Le précaire est toujours exclusif de la légitimité requise dans la cause de la possession. Il n'a joui que par tolérance, *licentia familiaritatis*, et non comme fondé en droit de l'exercer, ou *jure servitutis*.

Il est donc bien clair que l'usager qui n'a pas de titre ne peut pas se servir du possessoire pour établir son droit d'usage; que celui qui a un titre ne peut l'invoquer qu'autant qu'il aurait rempli les formalités prescrites par les articles 67 et 79 du Code forestier.

CHAPITRE IV.

LA PREUVE PAR TÉMOINS EST INADMISSIBLE POUR ÉTABLIR LA
POSSESSION D'UN DROIT D'USAGE.

La preuve testimoniale a dû précéder la preuve
littérale, car l'art de peindre la parole fut plus ou
moins long-temps inconnu chez les peuples. Les lois
de Moïse avaient établi qu'il fallait deux témoins
intègres et dignes de foi pour prouver un fait. De
chez les Juifs l'usage de la preuve par témoins passa
chez les Grecs et ensuite chez les Romains. Elle avait
même au commencement la même force que la preuve
écrite ; mais sur la fin il se glissa de si graves abus,
que Justinien fit tous ses efforts pour la restreindre.
C'est le peu de cas qu'on faisait de la preuve par témoins qui faisait dire à Cicéron dans sa harangue
pour Lœlius : « De prétendus témoins ne décideront
« pas notre cause ; je ne puis souffrir que l'on com-
« mette la vérité, toujours immuable et toujours uni-
« forme, à la discrétion et à la volonté des témoins
« toujours changeante et toujours incertaine. »
Dans le commencement de la monarchie l'igno-

rance était si grande , que peu de personnes savaient écrire ; ce qui rendait la preuve par témoins fort commune. C'était le seul moyen de prouver les conventions et il l'emportait même sur la preuve littérale. Trompés par la multitude des faux témoignages ces peuples grossiers cherchèrent la vérité dans la superstition. Le bon droit des parties fut décidé en champ clos ou par les épreuves de l'eau bouillante. Cet usage barbare dura jusqu'au quatorzième siècle (1). A cette époque, l'art de l'écriture, si rare dans les temps plus reculés, commença à devenir commun.

Les législateurs ne pouvant supprimer tout-à-coup la preuve testimoniale sans causer des maux pires que ses abus, la restreignirent en certains cas.

Enfin en 1566 , l'ordonnance de Moulins (2), ouvrage du chancelier de l'Hospital, obvia aux dangers des faux témoignages. L'art. 54 est conçu en ces termes : « Avons ordonné et ordonnons que dorénavant de toutes choses excédant la somme ou « valeur de cent livres pour une fois payer , seront « passés contrats pardevant notaires et témoins , « par lesquels contrats seulement sera faite et reçue « toute preuve desdites matières. »

Dans le même siècle l'ordonnance de 1667 , rédigée et discutée par les magistrats les plus éclairés

(1) Voyez Boutillier, dans sa somme rurale. Histoire du droit , par Fleury.
(2) Traité de la preuve par témoins, de Denty.

du siècle de Louis xiv, adopta les dispositions de l'ordonnance de Moulins. Elles sont reproduites dans l'art. 2, titre 20, ainsi conçu : « Seront passés actes « pardevant notaires, ou signature privée, de toutes « choses excédant la somme ou valeur de cent livres, « même pour dépôt volontaire, et ne sera reçu « aucune preuve par témoins contre et outre le con- « tenu aux actes, etc.. »

La sagesse de ces deux ordonnances a reçu un nouvel hommage dans le dix-neuvième siècle. L'art. 1341 du Code civil a été rédigé dans le même esprit et dans les mêmes termes.

L'art. 1341, dit M. Laporte dans ses pandectes, est la répétion de l'art. 2, au titre 20, de l'ordonnance de 1667 ; lequel avait sa source dans celle de Moulins, art. 54. Le précepte est fondé sur la défiance qu'inspire la preuve testimoniale qu'on n'admet qu'avec la plus grande répugnance, et quand il n'est pas possible d'en obtenir une autre.

Toutes les fois qu'on peut se procurer un titre écrit, on doit le faire ; faute de quoi on ne sera point admis à faire la preuve par témoins, parce qu'on doit s'imputer de n'avoir pas constaté le fait par un écrit (1).

Prenons pour constant, dit M. Toullier, qu'aucune loi n'a défendu la preuve testimoniale en gé-

(1) Voyez Bornier, conférence des ordonnances. Louet, recueil d'arrêts. Rodier, questions sur l'ordonnance de Louis xiv. Boutarie, explication des ordonnances de Louis xiv.

néral, mais seulement dans les cas exceptés. L'admission de cette preuve est la règle, la prohibition de la recevoir est l'exception.

Mais aussi la prohibition devient règle générale pour tous les cas qui peuvent se rapporter à l'exception. Il ne suffit donc pas que le texte de la loi garde le silence sur un cas proposé, pour en conclure que l'admission de la preuve n'est pas défendue. Elle l'est si le cas dont il s'agit peut être rangé dans la prohibition, soit par une conséquence directe des termes de la loi, soit par analogie : par cette analogie qui est le véritable esprit de la loi, *mens legislatoris*.

Voilà trois lois rendues pour diminuer les dangers de la preuve testimoniale. Si elles n'ont pas défendu la preuve par témoins, en général, elles l'ont fait pour tous les cas où les parties ont pu et dû se procurer une preuve écrite dans laquelle la loi a plus de confiance. Les parties ne peuvent pas se plaindre de voir rejeter la preuve testimoniale puisque la loi les avait averties.

Nous avons établi, en traitant de la possession, qu'il ne suffisait pas à l'usager d'avoir un titre qui lui accordât un droit d'usage ; il devait encore faire déclarer la forêt défensable ; obtenir des délivrances du propriétaire ; payer les redevances ; or toutes ces formalités ne se font que par écrit. La preuve de l'usager ne peut donc être faite par témoins, puisqu'elle doit résulter de permissions écrites ; et qu'il n'y a de possession valable pour conserver le droit, qu'autant que ces formalités ont été remplies et renouvelées chaque année.

Quel résultat donnerait cette preuve ? L'usager prouverait bien qu'il a commis une série de délits correctionnels, mais il ne prouverait pas qu'il a possédé. Il établirait qu'il a joui non pas comme usager mais comme dévastateur. Or nous avons suffisamment établi qu'une voie de fait amendable de peines correctionnelles, ne peut jamais être transformée en acte de possession légitime.

La Cour de cassation a décidé, par un arrêt rendu le 29 octobre 1810, qu'il n'existe d'exception pour l'art. 1341, que lorsque les parties n'ont pas pu se procurer une preuve écrite. Non-seulement les usagers ont pu se la procurer, mais ils ont dû le faire sous peine de perdre leur droit. Aussi, une ordonnance de Henri iv, du mois de mars 1597, défend-elle au parlement de Toulouse d'admettre les usagers à la preuve par témoins de la jouissance et de la perte de leurs titres. « Défendons, y est-il dit, aux gens tenant notre Cour du parlement de Toulouse, de recevoir les prétendus usagers, soit communautés ou particuliers à faire preuve par témoins de leur jouissance si ancienne qu'elle puisse être, ni de la perte de leurs titres, priviléges et concessions, quelques prétextes qu'ils prennent de les avoir perdus ou autres, sauf à eux à se retirer vers nous pour leur pourvoir de nouveaux titres, confirmation ou autrement.

L'usager ne peut non plus être admis à prouver par témoins qu'il a verbalement demandé aux propriétaires et verbalement obtenu des délivrances. Pourquoi? parce que la nécessité de la délivrance est de droit public, et qu'il était obligé d'obtenir une permission écrite.

Je puis citer une autorité bien imposante. « Il ne « suffirait pas, dit M. Henrion de Pensey, en parlant « d'une communauté d'habitans, qu'elle produisît « des témoins qui, déjà fort âgés, déclareraient « encore qu'ils ont ouï dire à d'autres plus anciens, « que telle a toujours été la possession de la com- « mune; il faudrait exiger d'elle des preuves *écrites* « qu'elle a joui, *animo domini*, à titre de droit « d'usage, et que les actes possessoires qu'elle arti- « cule n'ont pas pu échapper à la connaissance du « propriétaire de la forêt. »

Les principes s'opposent à ce qu'on entende comme témoins les habitans de la commune inté- ressée; et comme cet intérêt s'étend à une com- mune voisine, la difficulté de trouver des témoins est très-grande. D'ailleurs il n'y a lieu de recourir aux enquêtes que lorsque des renseignemens écrits établissent des faits de possession (1). Les habitans ne peuvent être entendus comme témoins, car il a

(1) Isambert, traité de la voirie. Pardessus, page 332, n° 216. Guipape, 193. Despeisses, tome ii, page 486, n° 14.

toujours été de maxime que , *nullus idoneus testis in re sua intelligitur.* Les juges peuvent toujours admettre contre un témoin tous les faits qui tendent à le représenter comme agissant sous l'empire des circonstances, telles qu'on ne peut attendre de sa bouche la vérité toute entière. Les habitans , qui déposent pour un procès qui intéresse la communauté, ont un double avantage à recueillir du résultat du procès. D'abord ils participent aux usages que le jugement accorde à leur commune ; et en second lieu , ils évitent le paiement des frais pour lesquels, en cas de non-réussite , ils sont extraordinairement imposés. Voyez à cet égard un arrêt de la Cour de cassation du 5 juillet 1820 ; arrêt de la Cour d'Angers, rendu en audience solennelle le 6 janvier 1823 , Journal du palais , tome LXVII , page 127 , et un arrêt de la Cour de Rouen du 9 mai 1823.

Il semble , au premier coup d'œil, bien rigoureux de déclarer un droit clairement établi par un titre prescrit, et que la commune allègue avoir conservé par des actes possessoires récens , dont elle offre d'administrer la preuve par ceux mêmes qui les ont faits.

Mais , en réfléchissant, cette rigueur disparaît entièrement.

D'abord , c'est la faute de la commune d'avoir laissé les pâturages dans un tel état d'abandon , qu'elle ne puisse pas montrer un seul acte de possession légitime. Si cet abandon lui fait perdre injustement son droit, elle ne doit l'imputer qu'à son incurie.

Le plus grand effet que puisse produire l'allégation de sa jouissance, est le doute; mais dans le doute *pro libertate respondendum.* La cause de la commune qui veut tenir dans l'asservissement l'héritage d'un particulier, est à tous égards, infiniment moins favorable que celle du propriétaire qui en réclame la liberté.

En excluant le témoignage des habitans, quand la cause de leur commune les intéresse, la loi a bien su qu'elle privait les communes du témoignage le plus commode; que, par cette exclusion, elle exposait souvent les communes à ne pouvoir remplir la preuve qu'elle exigeait d'elles. Cet inconvénient ne pouvant être mis en parallèle avec l'inconvénient plus grave de constituer les habitans juges dans leur propre cause, n'a pas arrêté le législateur; il ne doit pas arrêter les tribunaux, qui ne peuvent avoir la prétention d'être plus sages et plus justes que la loi.

Le célèbre auteur des questions (1) de droit a traité cette question avec la profondeur qu'il apporte dans tous ses écrits. « Il semblerait, dit-il, que cette « preuve peut être faite par témoins; et c'est ce que « l'on devrait effectivement décider, si cette preuve « ne devait porter que sur des faits qui ne sont pas « de nature à être constatés par écrit.

____

(1) Merlin, question de droit, mot *usage.*

« Mais il faut bien faire attention à une chose :
« c'est que les droits d'usage, dans les forêts, ne peu-
« vent être exercés qu'après des formalités dont il
« est indispensable, pour ceux qui en jouissent ,
« de prouver par écrit l'accomplissement préalable.

« Ainsi , avez-vous dans une forêt un droit d'u-
« sage consistant à y prendre du bois de chauf-
« fage ou de charpente ? Il faut qu'avant de le cou-
« per, ... etc, etc.

« Il est donc bien clair , ajoute l'auteur , que de
« tous les droits d'usage qui peuvent être aujour-
« d'hui réclamés sur des forêts , il n'en est pas un
« seul dont l'exercice ait pu ci-devant avoir lieu lé-
« galement , si ce n'est en vertu d'une délivrance
« expresse renouvelée chaque année dans un acte
« authentique , dont une expédition a dû rester entre
« les mains de l'usager.

« Il est par conséquent bien clair que l'usager
« qui ne possédant plus aujourd'hui tel droit d'u-
« sage , demande à prouver qu'il en a joui dans les
« trente dernières années , demande par cela seul à
« prouver qu'il en a préalablement obtenu la déli-
« vrance , etc.

« Or cet usager peut-il être admis à prouver par
« témoins les délivrances qu'il prétend lui avoir été
« faites depuis trente ans ?

« C'est , en d'autres termes , demander à l'égard
« des délivrances qui auraient précédé l'abolition
« des juridictions des eaux et forêts , et qui toutes

4

« auraient eu le caractère d'actes véritablement ju-
« diciaires , si les actes judiciaires peuvent être
« prouvés autrement que par eux-mêmes , c'est-à-
« dire , par la production qui en est faite , ou en
« minutes , lorsque l'apport en est ordonné , ou en
« expéditions ou en copies authentiques ; question
« sur l'affirmation de laquelle n'ont qu'une voix tous
« les auteurs qui l'ont prévue , notamment Des-
« peisses , tome 2 , chapitre de la preuve par ti-
« tres , n° 8.

« C'est , en d'autres termes , demander à l'égard
« des délivrances qui seraient postérieures à l'année
« 1790 , si celui qui , non-seulement a pu , mais a
« dû , sous des peines correctionnelles , se procu-
« rer la preuve par écrit qu'elles ont eu lieu , peut
« aujourd'hui être admis a en prouver l'existence par
« témoins ; question qui n'en a jamais été et n'en
« sera jamais une , d'après l'esprit des ordonnances
« de Moulins , de 1667 , et du Code , qui , en pro-
« hibant la preuve par témoins de toutes choses
« dont on a eu le pouvoir de se procurer une
« preuve par titres , la prohibent à plus forte rai-
« son relativement à celles dont on était strictement
« obligé, dont on ne pouvait impunément se dispen-
« ser, de se procurer une preuve de cette dernière
« espèce , etc. » L'opinion de M. Merlin est appuyée
par deux arrêts rendus récemment par la Cour de
Riom. Le premier en date du 25 avril 1826, entre
François Bertrand d'une part et Jean Colly, et Martin
Charpelle d'autre part , qui sont ainsi conçus :

Considérant d'ailleurs, que pour que cette possession fût légale, et fût attributrice de prescription, il serait nécessaire que les parties de Bayle et de Salveton, établissent que la prise du bois par elles faite dans la forêt dont il s'agit, l'eût été après une délivrance consentie par le propriétaire de ladite forêt, et contenant indication de la partie de bois qui devait être coupée ; qu'il faudrait de plus, que les parties de Bayle et Salveton prouvassent qu'elles ont payé annuellement la redevance établie pour le droit d'usage en question par la reconnaissance de 1529, ce qui n'est nullement prouvé ni établi par les parties de Bayle et Salveton.

Le second confirme un jugement rendu par le tribunal civil de Mauriac, qui est conçu en ces termes : Attendu enfin que la demanderesse ne pourrait établir sa possession, et celle de ses auteurs qu'en rapportant des délivrances écrites de la part du propriétaire, *que toute preuve testimoniale*, qu'elle n'offre point, *serait inadmissible et inefficace.*

Par ces motifs, le tribunal déclare éteint par le non-usage, pendant plus de trente ans, le droit d'usage et de chauffage.

La Cour déterminée par les motifs exprimés dans le jugement dont est appel, et sans qu'il soit besoin de s'arrêter à *la preuve subsidiairement offerte* par les parties de Bernet-Rollande, dit qu'il a été bien jugé par le jugement dont est appel, mal et sans cause appelé ; ordonne que ledit jugement sortira son plein et entier effet.

La prohibition d'admettre la preuve orale est générale et absolue , quand l'objet dépasse cent et cinquante francs. Or ici le prix de l'objet dépasse visiblement cette somme. C'est ce qui fait dire à Paillet : comme le prix de la liberté est inestimable , on ne doit pas être facilement admis , en fait de servitudes , à faire la preuve par témoins de la perte d'un titre. (1) Lorsque la loi exige qu'un acte soit rédigé par écrit , la preuve testimoniale ne peut être admise , quand bien même la somme serait au dessous de cent cinquante francs ; car l'écriture étant alors une condition essentielle pour la validité de l'acte , la preuve testimoniale serait frustratoire , art. 931 et 2127.

Nous avons établi que les droits d'usage sont des servitudes incorporelles (2). Sous ce rapport ils n'ont pas d'existence matérielle , et leur jouissance en est souvent occulte : ils sont dans la classe des choses dont il est aisé d'obtenir la preuve écrite. On ne les acquiert que par titres, et on ne les conserve que par des titres nouveaux ou par des actes récognitifs. La preuve testimoniale ne doit être admise ni pour constater la convention et l'obligation , ni pour établir l'exécution du titre.

(1) Pothier, sur l'art. 228 de la coutume d'Orléans.

(2) Traité de la prescription, par Vazeille.

Cottereau , droit général de la France , rapporte un arrêt rendu par le grand conseil , le 27 mars 1751 , qui a fait l'application de cette doctrine. Le sieur Juimier soutint que cette preuve n'était pas admissible : l'arrêt accueillit son exception et défendit la perception du terrage réclamé.

Il résulte évidemment de ce que nous venons de dire, que la preuve d'un droit d'usage dans les forêts ne peut jamais se faire par témoins : 1° parce qu'il est toujours loisible à l'usager de se procurer une preuve écrite, et que la loi l'ayant prévenu il ne doit imputer qu'à lui la perte de son droit ; 2° parce que les droits d'usage sont des servitudes discontinues et incorporelles qui ne peuvent s'établir et se conserver que par titres ; 3° parce que la prohibition d'admettre la preuve orale est générale et absolue lorsque l'objet dépasse cent et cinquante francs. Ce serait donc vainement que les usagers qui n'auraient pas joui légalement pendant trente ans *offriraient* la preuve par témoins de leur jouissance.

CHAPITRE V.

DE LA PRESCRIPTION DES DROITS D'USAGE.

La prescription est née avec la propriété. Elle a dû précéder les contrats parce qu'ils n'ont pu se former d'une manière certaine qu'à l'aide de l'écriture. Nos anciens l'appelaient la patrone du monde, et l'empereur Valentinien lui attribue le mérite d'assurer une pleine tranquillité aux hommes : *Humano generi profonda quiete prospexit.*

En général toutes sortes de droits s'acquièrent et se perdent par l'effet du temps (1), à la réserve de ce que les lois ont excepté. Ainsi, celui qui a cessé de jouir d'une servitude pendant le temps suffisant, quoique fondé en titre, en a perdu le droit ; et au contraire celui qui jouit d'une servitude, quoique sans titre, en acquiert le droit par une longue jouissance, si la loi le permet.

Il existait avant la publication du Code civil des règles très-diverses sur l'acquisition des servitudes par

(1) Traité de la prescription, par Vazeille. — Lalaure, traité des servitudes.

la prescription. Celles des pays coutumiers étaient différentes de celles des pays de droit écrit. Il y avait encore d'assez grandes différences selon les parlemens. C'est surtout entre les lois romaines et la coutume de Paris que régnait l'opposition la plus frappante. Cependant, pour les bois, on suivait généralement la volonté de la coutume de Paris. Celle du Nivernais s'exprime ainsi : « Pour aller, mener ou envoyer « bestes, couper, prendre bois, ni autrement ex- « ploiter, aucun acquiert est dites choses, droit pé- « titoire ou possessoire de servitude, s'il n'y a titre « ou possession avec payement de redevances au « profit du seigneur propriétaire. »

Henri, question 49, est du même avis. Comme toute servitude est contre le droit commun, contre la liberté naturelle et qu'elle ne peut être présumée, aussi faut-il qu'elle soit établie par titre, et par titre formel;.... car il y a lieu de douter si la seule possession peut suffire, tant parce qu'il n'est pas certain si les servitudes peuvent se prescrire que parce que la possession peut être suspecte; et quand même l'on voudrait demeurer d'accord que la servitude peut s'acquérir par la seule possession, il faudrait qu'elle fût certaine, et qu'elle fût établie par de bons actes, *non vi, non clam, non precario, sed jure servitutis*, dit la loi.

Il est donc bien reconnu que l'acquisition des servitudes ne pouvait pas avoir lieu sans titre, dans la majeure partie des coutumes ; que celle qui l'admettaient exigeaient une possession légitime que nous avons démontrée être de toute impossibilité dans la jouissance des droits d'usage dans les forêts. La nouvelle législation a mis fin à cette variété de jurisprudence en déclarant que les servitudes discontinues ne pourraient s'acquérir à l'avenir que par titres; art. 691.

Si toutes les servitudes ne pouvaient pas s'acquérir par la prescription, elles pouvaient toutes se perdre par le défaut d'usage (1). Il n'y a à cet égard que des différences peu marquantes entre le droit écrit et le droit coutumier. La prescription qui ramène à la liberté en éteignant la servitude a toujours été vue avec faveur et universellement adoptée. Elle est fondée sur l'abandon présumé que fait le maître de la servitude de son droit. Surtout étant averti par la loi des suites de sa négligence (2). *Jura servitutum, in urbanis sicut in rusticis, non utendo pereunt.* C'est ainsi que parle la loi romaine. Nos coutumes s'expriment de la même manière. On lit dans celle d'Orléans : « La liberté de la servitude se peut réacquérir « contre le titre par trente ans; et dans celle de Paris, le droit de servitude ne s'acquiert pas par la « longue jouissance, mais la liberté se peut acquérir « contre le titre de servitude par trente ans. » En Franche-Comté, les droits d'usage se perdaient aussi par trente ans. Le parlement le jugea ainsi le 7 février 1713, pour le marquis de Poitiers, contre les

(1) Lalaure, page 85.
(1) ff. livre VIII, titre 2, loi 6.

abbés et religieux de Rosières qui furent chargés de prouver qu'ils avaient usé dans les trente ans avant le procès, dans les forêts de la terre de Védans, du droit de couper du bois qui leur appartenait par d'anciens titres; mais que l'on disait qu'ils avaient perdu *per non usum*. Par un autre arrêt les chanoines de Vellersessel furent déboutés d'un droit d'usage qu'ils avaient eu dans les forêts de M. le marquis de Grammont, comme l'ayant perdu pour n'en avoir pas usé depuis plus de trente ans (1). Cette jurisprudence était suivie, car j'ai lu encore un autre arrêt du 27 février 1709, par lequel le Sr Marnin, religieux infirmier de l'abbaye de Saint-Claude, fut débouté de la demande qu'il avait formée des langues et des filets de cochons que l'on tuait à la boucherie publique du lieu; quoique ce droit fut prouvé par plusieurs titres anciens et en bonne forme et qu'il eut été annexé à l'officier d'infirmier dans le partage des moines fait avec l'abbé seigneur, haut justicier de la ville de Saint-Claude. La Cour estima qu'il était perdu *per non usum*; le sieur Marnin était convenu qu'il y avait plus de quarante ans que lui et ses prédécesseurs n'en avaient pas joui.

M. de Fréminville dit même, dans son ouvrage intitulé la Pratique des Terriers, que le seigneur peut prescrire contre l'usager, si ce dernier manque de payer la redevance pendant le temps suffisant pour acquérir la prescription, parce que le droit d'usage

____

(1) Dunod, traité des prescriptions, pages 296, 297 et 294.

est une servitude qui s'éteint lorsque l'usager manque à ses engagemens.

Le président Bouhier, au chapitre 62 de ses observations sur la coutume du duché de Bourgogne, s'exprime ainsi en parlant de la prescription des droits d'usage : « Il faut se souvenir que le droit d'usage est une servitude. Or les lois ont décidé que toutes les servitudes se perdent, *non utendo*, et même par la prescription de dix et vingt ans (1), ce qui dans notre coutume doit être porté à la prescription trentenaire. Aussi ceux qui ont le mieux écrit sur cette matière sont d'avis que les droits d'usage sont perdus par la non-jouissance pendant ce temps.

Les ordonnances de nos Rois ont pour ainsi dire réglé la prescription des droits d'usage. L'art. 50 de celle rendue par François 1er, au mois de mars 1515, porte défense de restituer aux usagers les arrérages de leurs chauffages. Cette prescription commence donc à courir dès la première année, et elle devient définitive si elle n'est pas interrompue pendant trente ans.

Dans les coutumes muettes sur la libération des servitudes, elles doivent se régler par celle de Paris qui fixe à trente ans le temps nécessaire pour se libérer de la servitude (2).

En passant de l'observation du droit ancien au droit

(1) Code Justinien, livre 3, loi 13.
(2) Traité des servitudes de Lalaure, commenté par Paillet, pag. 273.

nouveau sur la prescription des servitudes, on trouve que le temps requis pour prescrire est toujours de trente ans, art. 706 du Code civil. L'art. 625 avait déjà établi que les droits d'usage et d'habitation s'établissent et se perdent de la même manière que l'usufruit (1). Un arrêt de la Cour de cassation du 26 janvier 1818 a réglé que les droits d'usage étaient prescriptibles de leur nature, comme toutes les autres propriétés et servitudes, et qu'en les déclarant imprescriptibles la Cour royale de Bordeaux avait violé les art. 706 et 2262 du Code civil. Les rentes de toute nature sont tellement sujettes à la prescription que pour l'interrompre, l'art. 2263 autorise le créancier à exiger de son débiteur un titre nouvel, après vingt-huit ans de la date du dernier. C'est un délai de deux ans que la loi donne pour faire renouveler le titre.

La Cour de Riom a appliqué le vœu de l'art. 706 dans une cause entre M. Dégain, M. de Tournemine et une autre partie. Il s'agissait d'un droit d'usage dans une forêt pour réparation de bâtimens. Il fut allégué que l'usager était resté trente ans sans user du droit, et la Cour imposa à l'usager la charge d'écarter l'objection par une preuve (2).

La Cour de cassation a décidé que bien qu'un droit d'usage fut tenu en fief, la libération avait pu être prescrite par suite de non-usage (3).

(1) Salviat, traité d'usufruit, tom. 2, page 190.
(2) Merlin, dict. de droit, mot *usage*.
(3) Lois forestières de Dupin, page 899.

Il est donc suffisamment démontré que les droits d'usage se perdent par la non-jouissance pendant trente ans, mais la jouissance ne les conserve qu'autant qu'elle a été accompagnée des préalables auxquels la loi reconnaît une possession légitime qui la distingue de l'usurpation et du délit (1). L'usager, par la nature même de son droit, est contraint de jouir conformément à son titre et conformément à la loi. S'il ne le fait pas, il use d'une autre servitude, et, en matière de servitudes discontinues, on perd l'une sans acquérir l'autre. Si j'ai, par exemple, le droit de passer sur telle partie du fond voisin, je ne passe pendant trente ans que sur un autre côté, la première servitude sera éteinte, et la seconde ne sera pas acquise, car elle est discontinue, art. 709 et 710 (2). Il en est de même pour un droit de pâturage; si j'use du pâturage sans faire déclarer la forêt défensable, ou du chauffage sans délivrance, je perds le droit que j'avais, parce que j'ai resté trente ans sans posséder aux yeux de la loi. D'ailleurs, aux termes de l'art. 618, l'usufruit cesse par l'abus qu'on en fait (3). Or, peut-on commettre un abus plus criant que celui de conduire ses bestiaux dans une forêt, avant de l'avoir fait déclarer défensable, que d'abattre un arbre sans l'autorisation du propriétaire.

(1) Lois rurales et forestières, par Cappeau, tom. 2, pag. 49.
(2) Toullier, t. ...., n° 682, page 514 et suivantes, ff., liv. 8, titre 6, loi 17 et 18. 41, titre 3, loi 4, § 27.
(3) Salviat, traité de l'usufruit.

La prescription des droits d'usage commence à courir du jour où l'on a cessé de jouir. Les servitudes discontinues ayant besoin du fait actuel de l'homme pour être exercées, du moment ou le fait cesse, la servitude n'est pas exercée, et la prescription commence. Cette cessation de jouissance légale doit dater de la publication des ordonnances qui ont voulu, par mesure d'ordre public, que les usagers fissent déclarer les bois défensables. Elle doit dater du moment de l'inexécution à la volonté des titres qui n'avaient été accordés qu'à la condition que l'usager remplirait les engagemens. Le propriétaire n'a pas besoin de faire des actes opposés à la servitude, car la prescription n'a besoin que du secours du temps pour produire l'extinction des obligations (1). Elle ne requiert de celui qu'elle doit libérer ni fait ni protestation; elle lui présente sa sûreté dans l'inertie du créancier. C'est celui-là qui est tenu d'agir pour avoir l'assistance de la loi.

Cette doctrine fondée sur l'ancienne et la nouvelle jurisprudence a été confirmée récemment par deux arrêts de la Cour de Riom que j'ai rapportés en traitant de la preuve sur témoins. Je terminerai ce chapitre en transcrivant en entier le plus récent de ces arrêts qui a été rendu par un jugement du tribunal civil de Mauriac, parce qu'il renferme en quelques

____

(1) Toullier, n° 672, page 529. Delvincourt, tom. 1, p. 167, n° 6. M. Malleville, page 156.

lignes, les principes que nous venons d'exposer sur l'extinction des droits d'usage par la prescription.

Attendu que les droits d'usage dans une forêt n'ont jamais pu être exercés par l'usager qu'en vertu d'une délivrance obtenue par ce dernier ;

Attendu que les lois et réglemens forestiers qui l'ordonnent pour les bois de l'état, sont applicables aux usagers dans les forêts des particuliers, d'après l'article 5 du titre XXVI, et l'art. 28 du titre XXXII de l'ordonnance de 1669, et d'après le décret du 17 nivose an 13 ;

Attendu que, d'après la jurisprudence établie par une suite d'arrêts uniformes, l'usager dans la forêt d'un particulier ne peut, à peine d'être considéré comme délinquant et d'être puni comme tel, s'introduire dans la forêt soumise à son usage qu'après avoir obtenu la délivrance du propriétaire, lequel a droit de vérifier les besoins de l'usager, de marquer les bois à couper et d'en surveiller la coupe et l'emploi ;

Attendu que les deux titres produits par la demanderesse ne la dispensent point de l'obligation imposée à tous les usagers, de demander la délivrance ni d'observer les lois et réglemens en cette matière ;

Attendu que l'on ne peut induire du silence du propriétaire pendant plusieurs années une renonciation à son droit, puisque toute renonciation au droit commun doit être expresse ;

Attendu qu'il résulte des motifs ci-dessus que l'usager ne peut posséder légalement son droit que lorsqu'il l'exerce en vertu de délivrances préalablement faites par le propriétaire;

Attendu qu'il est mis en fait par le défendeur que jamais la demanderesse ni ses auteurs n'ont obtenu la délivrance du propriétaire ; que la demanderesse ne justifie d'aucune délivrance et qu'elle n'articule pas qu'elle en ait jamais obtenu ;

Attendu que toutes les coupes que pourrait avoir faites la demanderesse et ses auteurs, sans permission ni délivrance , ne peuvent constituer une possession légale et capable de conserver le droit d'usage ; que les coupes ne pourraient être considérées que comme une série de délits punissables de peines correctionnelles ;

Attendu que le droit d'usage , comme toute autre servitude réelle , se prescrit par le non-usage pendant trente ans ;

Attendu que , dans l'espèce particulière , n'ayant jamais possédé légalement le droit d'usage dont il s'agit, ce droit s'est éteint par la prescription , etc.;

Attendu que la demanderesse ne pourrait établir la possession et celle de ses auteurs qu'en rapportant des délivrances écrites de la part du propriétaire ; que toute preuve testimoniale, qu'elle n'offre point , serait inadmissible et inefficace :

Par ces motifs , le tribunal déclare éteint, par le non-usage pendant plus de trente ans, le droit d'usage

et de chauffage concédé par les beaux emphytéoti-
ques des 27 octobre 1671 et 13 juin 1765 , etc.
Fait et jugé en audience publique du tribunal civil
de Mauriac , séans MM. Devèze , président ; Mailles,
doyen des juges, et Delalot , juge , le 30 août 1825.

La Cour royale séant à Riom , département du
Puy-de Dôme , a rendu l'arrêt suivant :

Audience de la première chambre, du mercredi
20 juin 1827 , etc.

Après avoir ouï les avoués des parties en leurs
conclusions : Bernet-Rollande , avocat des appelans ;
Allemand avocat de l'intimé , en leurs plaidoiries ;
et M. Ducrozel , substitut au parquet pour M. le pro-
cureur général ;

La Cour déterminée par les motifs exprimés dans
le jugement dont est appel et sans qu'il soit besoin
de s'arrêter à la preuve subsidiairement offerte par
les parties de Bernet-Rollande , dit qu'il a été bien
jugé par le jugement dont est appel , mal et sans
cause appelé , ordonne que ledit jugement sortira
son plein et entier effet , et condamne les parties
de Bernet-Rollande à l'amende et aux frais de la
cause d'appel (1).

(1) Baudrillard, tome iii, année 1827, page 517. Il n'est pas
sans importance de dire que M. le baron Grenier présidait la
chambre qui confirma le jugement rendu par le tribunal de
Mauriac.

CONCLUSION.

Il résulte des faits que nous venons d'établir,
1° que toute espèce de droits d'usage dans les
forêts sont des servitudes discontinues non-appa-
rentes;

2° Que la possession de ces droits n'est valable
qu'autant qu'elle est fondée sur un titre et appuyée
de pièces *écrites*, constatant la défensabilité de la
forêt, la délivrance du propriétaire et le paiement
des redevances ;

3° Que les droits d'usage étant des servitudes
discontinues et leur possession étant toujours précaire ils ne sont pas susceptibles de l'action possessoire ;

4° Que la preuve testimoniale d'un droit d'usage
est inadmissible, parce que la valeur de l'objet dépasse le taux fixé par les ordonnances et que les
usagers ont pu et dû se procurer une preuve
écrite ;

5° Enfin, que l'acquisition des droits d'usage
ne peut jamais avoir lieu sans titre, parce qu'il n'y
a pas de possession capable de faire acquérir un
droit d'usage, mais que l'extinction de ce droit a
lieu toutes les fois que l'usager est resté trente ans
sans jouir légalement de la servitude.

Le propriétaire qui veut affranchir sa propriété

du droit d'usage doit donc demander à l'usager les quittances des annuités qui sont le prix de la concession et les pièces *écrites* qui peuvent seules constater qu'il a joui légalement. Si l'usager ne le satisfait pas il sera fondé à lui dire : Il y a trente ans que vous ne jouissez pas , donc votre droit d'usage est perdu. L'usager isolé du plus léger appui, en matière de possession, sera obligé de subir les conséquences des articles 706 et 707 du Code civil ; or, d'après ces articles, les servitudes discontinues , au nombre desquelles se rangent naturellement les droits d'usage , sont prescrites par trente ans.

SUPPLÉMENT.

J'ai lu, pendant l'impression de cette notice, le Code forestier commenté par Gagneraux. Cet auteur cite, tom. 1ᵉʳ, pag. 202 et 203, un arrêt de la cour de cassation, du 26 janvier 1826, qui défend d'admettre les usagers à la preuve testimoniale de la jouissance de leurs droits d'usage.

Le jugement du Tribunal de Mauriac, rapporté au chapitre de la prescription, pag. 53 et suivantes, vient tout récemment d'être confirmé par la Cour de cassation. (*Voy.* Sirey, 2ᵐᵉ cahier, année 1829.) Cet arrêt fixe d'une manière irréfragable, les principes que j'ai émis sur l'extinction des droits d'usage.

La Maison des Gardes, le 15 avril 1829.

FIN.

TABLE.

FIN DE LA TABLE.